El idioma de los parques

The Language of the Parks

MUSEO SALVAJE

Colección de poesía

Poetry Collection

WILD MUSEUM

Marisa Russo

EL IDIOMA DE LOS PARQUES

THE LANGUAGE OF THE PARKS

Prólogo / Prologue
Homero Carvalho Oliva

Nueva York Poetry Press®

Nueva York Poetry Press LLC
128 Madison Avenue, Oficina 2RS
New York, NY 10016, USA
Teléfono: +1(929)354-7778
nuevayork.poetrypress@gmail.com
www.nuevayorkpoetrypress.com

**El idioma de los parques
The Language of the Parks
© 2018 Marisa Russo**

© Prólogo: Homero Carvalho Oliva
© Contratapa: Fredy Yezzed

ISBN-13: 978-1-7320736-0-9
ISBN-10: 1-7320736-0-0

© Colección *Museo Salvaje* vol. 3
Homenaje a Olga Orozco

© Traducción:
Silvia Rafti

© Diseño de colección y cubierta:
William Velásquez Vásquez

© Fotografía de la autora;
Francisco Trejo

© Fotografía de portada:
Adobe Stock License

Russo, Marisa
El idioma de los parques/ The Language of the parks. Marisa Russo; 1a ed.-- New York: Nueva York Poetry Press, 2018. 120 pp. 5.25 x 8 inches.

1. Poesía argentina. 2. Poesía sudamericana. 3. Literatura latinoamericana.

Todos los derechos reservados. Esta publicación no puede ser reproducida, ni en todo ni en parte, ni registrada en o transmitida por, un sistema de recuperación de información, en electroóptico, por fotocopia, o cualquier otro, sin el permiso previo por escrito de la editorial, excepto en casos de citación breve en reseñas críticas y otros usos no comerciales permitidos por la ley de derechos de autor. Para solicitar permiso, contacte a la editora por correo electrónico: nuevayork.poetrypress@gmail.com

*A mis padres Stella Maris Blanco
y Ricardo Omar Russo*

*To my parents Stella Maris Blanco
and Ricardo Omar Russo*

Prologo

Por Homero Carvalho Oliva

Pocos poetas tienen la virtud de elegir títulos poéticos para sus poemarios, por eso mismo lo primero que me llamó la atención del libro de Marisa Russo, fue su título: *El idioma de los parques.* Hermoso, poético. Sabemos que existen muchas definiciones de poesía, ninguna logra dar con la plenitud de su alcance; entre estas el título de Marisa bien podría comprenderse como una definición, porque la poesía es el idioma de los parques, el que hablan los enamorados en sus bancos, el que se instala en el ocaso, las risas de los niños jugando entre los jardines, los ancianos que caminan lento entre las flores, en fin…

El poemario está dividido en cuatro partes de subtítulos también poéticos: "La traducción de los fantasmas", "Árbol de la extranjera", "Jazz de las estatuas" y "Álbum de la sensualidad".

En la primera parte la poesía seduce a los fantasmas de las palabras y los revela en una indiscreta epifanía. Veamos un poema que nombre esta revelación en 'Central Park':

> *Yo no he aprendido la lección del invierno.*
> *La voz del parque separa los rascacielos,*
> *reclama una mirada al anciano*
> *que vive frente a mi oficina.*

En "Árbol de la extranjera", su poesía se convierte en un lugar imaginario, con imágenes verdaderas. He aquí una muestra en 'Juventud' de 'Tríptico del rumor':

> *Un día tomé el avión fuera de la calesita,*
> *la vida giraba al sentido del reloj.*
> *Ya no usaba dos colitas, ni guardapolvo.*

En "Jazz de las estatuas", la poeta cumple su misión de mantener el asombro cotidiano, por ejemplo, a través de un niño descubriendo el mundo en 'Nueva realidad':

> *El niño Jordi recuerda el ruido de las abejas, trata de entender su idioma.*

En "Álbum de la sensualidad", Marisa nos recuerda que la poesía es la verdadera conquista del ser humano y que cuando escribes poesía no sólo debes pensar en las palabras como arte, sino sentirlas como arte, así en el poema *Nahui Ollin*, Marisa toma un tema recurrente y lo vuelve único:

> *El bosque de Chapultepec sabe que Nahui quiere ser, por una noche, otra vez Carmen.*

Y por último este consejo para los que piensan como José Emilio Pacheco que la poesía es una forma de amor que sólo existe en silencio, en este poemario los silencios entre versos, los silencios que nos dejan cada poema para pensarlos y recordarlos en nuestra mente, hacen de su lectura una maravillosa experiencia sensorial. El maestro Fernando Pessoa afirma que "La poesía es una música que se hace con ideas y por lo mismo con palabras, de nada sirve el simple ritmo de las palabras sino contiene ideas", Marisa lo sabe y maneja el ritmo interior de sus poemas con una armonía maravillosa. *El idioma de los parques* es un poemario para leer y releer.

Prologue

By Homero Carvalho Oliva

Few poets have the virtue of choosing poetic titles for their books of poems, for that reason the first thing that called my attention about Marisa Russo's book was the title: *The language of the parks*. Beautiful, poetic. We know that there are many definitions of poetry, none gets to grasp the totality of its reach; amongst these, Marisa's title could be very well understood as a definition, because poetry is the language of parks, where lovers speak on their benches, the one that settles in the sunset, the laughter of children playing between the gardens, the elderly walking slowly between the flowers, anyhow...

The book is divided into four parts also with poetic subtitles: "The translation of the ghosts", "Tree of the foreigner", "Jazz of the statues", and "Album of sensuality".

In the first part, poetry seduces the ghosts of words and reveals them in an indiscreet epiphany. Let's see a poem that illustrates this revelation: *Central Park*:

> *I haven't learned the lesson of winter.*
> *The voice of the park separates the skyscrapers,*
> *it demands a look from the old man*
> *who lives in front of my office.*

In "Tree of the foreigner", her poetry becomes an imaginary place, with real images. Here's a sample: *Youth*:

> *One day I took the plane outside the carousel,*
> *life was spinning clockwise.*
> *I no longer wore two ponytails or uniform.*

In "Jazz of the statues", the poet fulfills her mission of maintaining a daily awe, for example through a child discovering the world: *New reality*:

> *Jordi the child remembers the sound of the bees, tries to understand their language.*

In "Album of sensuality", Marisa reminds us that poetry is the true conquest of the human being and that, when you write poetry, you should not only think of the words as art, but feel them as art, so in the poem *Nahui Olin*, Marisa takes a recurrent theme and makes it unique:

> *Chapultepec Park knows that Nahui wants to be, just for one night, Carmen once again.*

And lastly, this advice for those who like José Emilio Pacheco think that poetry is a form of love that exists only in silence, in this book of poems the silences between verses, the silences that each poem leaves us with, to think about and to remember them in our mind, make their reading a wonderful sensory experience. Master Fernando Pessoa states that "poetry is music made with ideas and therefore with words, the simple rhythm of the words is useless if they don't contain ideas," Marisa knows it and handles the interior rhythm of her poems with wonderful harmony. *The language of the parks* is a book of poems to read and reread.

La poesía es como el almendro:
sus flores son perfumadas y sus frutos amargos.

ALOYSIUS BERTRAND

Poetry is like the almond tree:
its flowers are [fragrant] and its fruits bitter.

ALOYSIUS BERTRAND

I

La traducción de los fantasmas

The translation of the ghosts

Paisaje con trampa

                    Yo soy la brisa.
Conjuro acacias, ardillas, bancos, lechuzas, niños.
Le susurré a un lago: "eres parte de mi creación".

Los hombres me han negado tres veces:
soy el patio secreto entre sus sienes.
Me nombran cuando se lanzan
desde sus pupilas en paracaídas.

Adentro y afuera,
            soy tu escalera
                      y soy tu red.

Landscape with a Catch

                I am the breeze.

I invoke acacias, squirrels, benches, owls, children.

I whispered to a lake: "you are part of my creation."

Men have denied me three times:

I am the secret courtyard between their temples.

They name me when they jump

from their pupils with parachutes.

Inside and outside,

        I am your ladder

                and I am your net.

RIVERSIDE PARK

Hice la pregunta y dijo no saber lo que sentía. El universo se abrió, me contuvo, comenzó a llover. Las aguas de Riverside cantaron. No pude acompañarlas. Las manos del Hudson me tomaron de la solapa y me llevaron al fondo.

RIVERSIDE PARK

I asked the question and he said to not know what he felt. The universe opened up, embraced me, rain started falling. The Riverside's waters sang. I could not follow them. The Hudson's hands took me by the lapel and dragged me to the bottom.

Memorial Park

> *Mi soledad está hecha de ti.*
> *Lleva tu nombre en su versión de piedra.*
> Olga Orozco

Frente a mi apartamento
hay un árbol de memoria y un árbol de olvido,
cuando cruzo la calle no sé distinguirlos.

Los fantasmas caminan en fila
condenados por la amnesia,
buscan que mi ojo los recupere.

El más astuto desea que lo salve.
Yo lo aparto.

Acaricio la piedra que guarda tu sal.

Lo condeno todas las tardes.

Memorial Park

> *My loneliness is made of you.*
> *It carries your name in its stone version.*
> Olga Orozco

In front of my apartment

there are a memory tree and an oblivion tree,

I can't distinguish them when I cross the street.

The ghosts walk in a row

doomed by amnesia,

wanting my eye to claim them.

The most clever one wishes me to save him.

I push him away.

I caress the stone that holds your essence.

I condemn him every evening.

CAVA PARK

Los túneles de mi parque
esconden una cava.

Sus bancas embotellan
la incertidumbre de mis visitantes:
        miedo en tintos,
          ingenuidad en blancos,
          rencor en rosados.

La cava de mi parque
entrama noche y *kairós*
que tu enología no comprende.

Mi parque
desconoce el toque de queda.

En la misma banca,
donde macero mis penas,
degusto la yema de los tiempos.

CAVA PARK

The tunnels of my park
hide a cellar.

Their benches bottle
the uncertainty of my visitors:
> fear in reds,
> ingenuity in whites,
> resentment in *rosé*.

My park's cellar
intertwines night and *kairos*
that your enology does not understand.

In my park there is no
curfew.

In the same bench
where I draw my sorrows,
I will taste the yolk of the times.

Central Park

Yo no he aprendido la lección del invierno.

La voz del parque divide los rascacielos,
reclama una mirada al anciano
que vive frente a mi oficina.
Está desolado porque su nieto no lo ha visitado.

Brindamos con nuestras tazas a través de los olmos.

No saludé al decorador de la tienda de antigüedades.

   Me detengo sólo a ver la máquina de escribir.

   La chica del mostrador es acosada por su jefe.

   En la última nevada un vagabundo
   me tendió la mano en Madison Avenue.

La primavera tarda.
Busco la salida de este poema.

CENTRAL PARK

I haven't learned the lesson of winter.

The voice of the park divides the skyscrapers,
it demands a look from the old man
who lives in front of my office.
He's devastated because his grandson didn't visit him.

We toast with our cups through the elms.

I didn't greet the decorator of the antique store.

    I stop only to look at the typewriter.

    The girl at the counter is harassed by her boss.

    In the last snowfall a homeless man
    gave me a hand in Madison Avenue.

Spring is late.
I seek a way out of this poem.

Shakespeare Garden

Cincelaron sus nombres en un tronco ante un parlamento de búhos. Abrazados bordearon el parque en compañía de las luciérnagas. Pactaron encuentros en invierno frente al obelisco. Ella ha descifrado los secretos de la Aguja de Cleopatra. Palpita la memoria del tacto entre sus dedos.

    Mientras él se distrae en el santuario de los pájaros, ella escribe *El idioma de los parques*.

SHAKESPEARE GARDEN

They chiseled their names on a tree trunk before a parliament of owls. In a hug they bordered the park in the company of the fireflies. They promised winter encounters in front of the obelisk. She has deciphered the secrets of Cleopatra's Needle. The memory of the touch throbs between her fingers.

While he is distracted in the sanctuary of the birds, she writes *The Language of the Parks*.

PUERTO SIN MAR

a Marco Aguilar

Ella inventa una costa frente a sus ojos.

Las palmeras narran las lluvias,
y el pueblo camina en procesión
por la cuesta del cementerio.

Aguarda la caída del día,
se zambulle en el dolor.

Harbor without sea

to Marco Aguilar

She makes up a coast before her eyes.

The palm trees talk about the rains,
and the town walks in a procession
through the hill of the cemetery.

She waits for the twilight
and plunges into the pain.

DIATRIBA CONTRA UN MÚSICO

I.   Ella se va de Murray Hill

Todas las bancas de este parque
están ocupadas por tu banda:
      una guitarra que desespera al silencio,
      unas congas que desafinas religiosamente,
      un cajón peruano que no entiende que pitos toca,
      un bombo legüero que añora su patria,
      un teclado que sueña que lo acaricies,
      una zampoña colgada de penas,
      y una flauta de pan que te besa más que yo.

Las bancas de este parque reclaman tus pasos.
La que encuentro vacía me cuelga un cartelito que dice:
                        "Ocupado".

Mientras tu quena traza fronteras, el charango se instala.

Yo emigro a otro parque
          con mi bandoneón.

Diatribe Against a Musician

I.   She Leaves Murray Hill

All the benches in this park
are taken by your band:
> a guitar that fills the air with despair,
>
> congas that you loosen up religiously,
>
> a drum box that doesn't follow the rhythm,
>
> an Argentine bombo that yearns for its homeland,
>
> a keyboard that dreams of your caress,
>
> a panpipe hung in sorrows,
>
> and a pan flute that kisses you more than I.

The benches in this park demand your steps.
The one I find empty shows me a sign that reads:
> > "Occupied."

While your quena draws borders, the charango settles.

I migrate to another park
> with my bandoneon.

II.   Él se va de Midtown

Descolgá tus vientos y mudá tus percusiones.

La guitarra ya no esperará que tus yemas desangren,
el cajón peruano comprenderá tu vacío.

El bombo legüero
                    solo hablará mi lengua.

Seguí besando la flauta de pan.

Mientras la quena construye un mundo,
aquí planto mi bandoneón.

II.   He Leaves Midtown

Take down your winds and move your drums.

The guitar will no longer wait for your fingers to bleed,
the Peruvian drum box will understand your emptiness.

The Argentine bombo
                      will only speak my language.

Continue kissing the pan flute.

While the quena builds a world,
here I settle my bandoneon.

II

Árbol de la extranjera

Tree of the foreigner

TRÍPTICO DEL RUMOR

a José Fermín Blanco, in memoriam.

I.   Infancia

Te sientas en el centro del parque en cualquier país,
y escuchas el mismo rumor, la misma palabra que
significa:
"cierra los ojos, estoy girando a tu alrededor".

En el Parque Avellaneda de Buenos Aires
la calesita giraba en sentido contrario al reloj.
El abuelo, entre cigarro y humo, me pasaba el boleto.
Yo saltaba del cochecito al avión,
del avión al dragón y del dragón al caballito.
El abuelo y yo conocíamos la tristeza
del unicornio que había extraviado su cuerno.
No era leyenda, un eco subterráneo se lo había revelado.
Me tomó de la mano, esperamos el Expreso Alegría
y atravesamos el puente de las glicinas.
Llovían los jacarandás, sabían que no volveríamos.

TRIPTYCH OF THE RUMOR

To Jose Fermin Blanco, in memoriam.

I.   Childhood

You sit in the center of the park in any given country,
and you hear the same rumor, the same word which means:
"close your eyes, I'm spinning around you".

In the Parque Avellaneda of Buenos Aires
the carousel spun counterclockwise.
Grandpa, between cigar and smoke, would pass me the ticket.
I would jump from the little car to the plane,
from the plane to the dragon to the little horse.
Grandpa and I knew the sadness
of the unicorn who had misplaced its horn.
It was not a legend, a subterranean echo had revealed to him.
He took me by the hand, we waited for the Expreso Alegría and we crossed the bridge of the wisterias.
The jacarandas poured down, they knew we would not return.

II.   Juventud

Un día tomé el avión fuera de la calesita,
la vida giraba al sentido del reloj.
Ya no usaba dos colitas, ni guardapolvo.
Llegué a Turrialba y sentí la respiración del parque,
Escuché el mismo rumor, la misma palabra que significa:
"cierra los ojos, estoy girando a tu alrededor".
La boca del volcán me llamó por mi nombre
y despertó al jaguar de piedra junto a la antorcha.
Rodeé el quiosco corriendo contra el tiempo,
levanté la vista y una guaria me sonreía.
Cerré los ojos, el parque viajaba en mi interior.

II. Youth

One day I took a plane outside the carousel,
life was spinning clockwise.
I no longer wore two ponytails or uniform.
I arrived in Turrialba and I felt the park's breath.
I heard the same rumor, the same word which means:
"close your eyes, I'm spinning around you".
The mouth of the volcano called me by my name,
and it woke up the stone jaguar near the torch,
I circled the gazebo running against time,
I looked up and a *guaria* was smiling at me.
I closed my eyes, the park was traveling inside me.

III.   Madurez

Abrí los ojos y me encontré frente a Champs de Mars.
Los equinos del carrusel subían y bajaban desolados.
Mis sentidos se apatriaron en la infancia.

– ¿Habrá recuperado su cuerno el unicornio?

Un hombre a la entrada me dijo:
– Señorita, aquí solo entran niños.

A mi alrededor todo era de cemento,
el carrusel giraba al revés.

   * * *

En Los Claustros del Metropolitan
—con su cuerno y su relincho de campana—
el unicornio está encerrado en el tapiz medieval.

III. Maturity

I opened my eyes and found myself in front of Champs
de Mars.
The equines of the carousel went up and down desolated.
My senses took refuge in my childhood.

"Would the unicorn have recovered its horn?"

At the entrance a man said to me:
"Miss, children only."

Everything around me was cement,
the carousel was spinning the other way around.

    * * *

Within the Metropolitan cloisters
-with its horn and its neigh like a bell-
the unicorn is locked up in the medieval tapestry.

EL RIZOMA DEL ENCANTADOR

A Ricardo Russo

Papá ama los árboles. De niña imaginaba: "Es el artesano de los gigantes". Me enseñó que *esperanza* es la primera palabra que los sauces pronuncian. Nitrógeno, raíz, corteza, suenan de su boca como un eco de claridad en medio de la desesperación.

En las islas del Tigre pensé que eran mis hermanos.

Una mañana de enero me dijo: "Debajo de este parque hay otro parque. Algún día nos iremos a vivir a sus prados".

THE ENCHANTER'S RHIZOME

To Ricardo Russo

Father loves trees. As a little girl, I would imagine: "He is the craftsman of the giants." He taught me that *hope* is the first word the willows articulate. Nitrogen, root, bark, from his mouth they sound like an echo of clarity in the midst of despair.

In the islands of The Tiger I thought they were my siblings.

One January morning he said to me: "Below this park there is another park. One day we will go live in its meadows."

Los jardines colgantes de la abuela

El patio de Estela era un escenario de cortinas de hiedra. Desde ese refugio en el doceavo piso en Buenos Aires, ella lenguajeaba, entre mate y mate, con Sábato.

Un día, mientras pedaleaba la máquina de coser, me confesó que detestaba a Borges. No se lo dije. Tenía *Ficciones* en el fondo de la mochila. Me sentí como quien oculta a un noviecito.

La abuela jamás mateaba, tampoco leía a Borges ni conocía a Sábato.

Disfruto con un deleite oculto sus relatos. Me digo casi orando: "Ojalá algún día, pueda escalar sus enredaderas".

En este febrero, entre Borges y yo, están las manos blancas de la abuela.

GRANDMOTHER'S HANGING GARDENS

Estela's patio was a stage of ivy curtains. From that refuge on the twelfth floor in Buenos Aires, she chatted, between mate and mate, with Sabato.

One day, while pedaling the sewing machine, she confessed she detested Borges. I didn't tell her. I had *Fictions* in the bottom of my backpack. I felt like one who hides a boyfriend.

Grandmother never drank mate, she didn't read Borges either nor she knew Sabato.

I enjoy with hidden delight her tales. I say to myself almost praying: "I hope one day, to climb its vines".

This February, between Borges and I, are grandmother's white hands.

DEL LIBRO DE CUENTOS INVENTADOS DE MAMÁ

Un ombú quiso ser mujer. Se miró en el lago y organizó sus elementos: cintura robusta, cabellera de novia, frutos de sangre, hojas como palmas de anciano. Complacida, ondeó sus ramas y sopló al vació de su tronco.

Le dijo un benteveo:

— ¡Vienen los hombres!

Ella asustada llamó a la niebla:

— Cúbreme la desnudez.

La niebla con su voz fría le contestó:

— Es invierno y nos desborda la nada.

El viento la protegió junto a sus raíces y exclamó imprudente:

— ¡Qué pies más feos! Asustarás a todos los hombres.

Decepcionada inclinó el rostro y corrió como una hojarasca.

La primavera le tejió una corona de jazmines y la besó:

— Asómate al espejo del lago.

Brotaron hojas tiernas y vio a una joven ombú.

FROM MOM'S BOOK OF INVENTED STORIES

An ombu wanted to be a woman. She saw her reflexion on the lake and arranged her elements: robust waist, a bride's mane, fruits of blood, leaves like an elder's palm. Pleased, she waved her branches and blew in the hollowness of her trunk.

> A great kiskadee told her:
> "Men are coming!"
> Scared, she called the mist:
> "Cover my nakedness."
> The mist answered her with its cold voice:
> "It's winter and we are overrun by nothingness."
> The wind protected her together with her roots and

imprudently exclaimed:

> "What ugly feet! You will scare all men."
> Disappointed she bowed her face and ran like

fallen leaves.

> Spring weaved for her a crown of jasmines and kissed her:
> "Look into the lake's mirror."
> Tender leaves sprouted and she saw a young ombu.

MALVINAS PARK

> *Les tocó en suerte una época extraña.*
> *El planeta había sido parcelado en distintos países*
> JORGE LUIS BORGES

Yo no sé de guerras, ni de dictaduras, solo sé de terruños que escarban las entrañas de la infancia.

Del otro lado del teléfono, a miles de kilómetros, clamaba el tío Lito: "¡Vamos ganando la guerra!". Papá no le dijo nada, después de colgar lloró. Salimos de la casa como de un funeral.

En el colegio un compañero —de una Costa Rica remota— atinaba a lanzarme bolitas de papel como proyectiles. Estremecía mi enojo hasta el salón de estudios. Me hubiese gustado apagar con fuego de triunfo el murmullo de la clase: "¡Ojalá pierdan la guerra!".

Yo iba tejiendo el *manto de neblinas* que nunca olvidaré. Tarareaba un himno humillado mientras mis ojos se clavaban en el césped.

Las mellizas extranjeras de la patria, así las bauticé en mi mente.

Malvinas Park

> *They were lucky in strange times.*
> *The planet had been parceled up into different countries*
> Jorge Luis Borges

I don't know about wars, or dictatorships, I only know about memories that delve deeply into the bowels of childhood.

On the other side of the telephone, thousands of kilometers away, uncle Lito cried out: "We're winning the war!". Dad did not tell him anything, he left a puddle of tears on the floor. We left the house like leaving a funeral.

A classmate in school —from a distant Costa Rica— managed to throw at me small paper balls like projectiles. It was stirring my anger up to the classroom. I would have loved to quench with fire the mocking murmuring of the class: "Let's hope they lose the war!".

I was knitting the *blanket of mist* that I will never forget. I hummed the lyrics of a humiliated hymn while my eyes were fixed in the lawn of the school.

The foreign twins of the homeland, that's how I baptized them in my mind.

LA COSTURERA

a Estela Maidana, in memoriam.

Tu dolor inunda el cuarto y se refleja en la ventana que da al cementerio Evergreen. Tu piel transparente como el velo de novia que llevabas el día de tu boda se ha teñido del líquido de tus llagas. Mi madre, mientras las cura, contiene una represa en el pecho. Al mismo tiempo, entierra su angustia en las profundidades del estómago. El orificio de tu hombro es una costura y la amargura se petrifica en el paladar.

    Miraste el espacio vacío, sabías que el abuelo estaba parado junto a la puerta con un ramo de flores.

    Le preguntaste a mi madre: "¿Qué tengo en la espalda que tanto me pesa?"

    Ella te contestó: "Tenés una caja con alas".

    Sonreíste y te encogiste como un ave en el vientre.

    No había una mujer más feliz que vos, el día de su muerte.

THE DRESSMAKER

In memoriam, to Estela Maidana.

Your pain floods the room and it reflects on the window facing Evergreen cemetery. Your transparent skin -just like the bride's veil you wore at your wedding- has dyed with the oozing from your wounds. My mother, while treating them, represses a dam in her chest. At the same time, she buries her anguish into the depths of her stomach. The orifice of your shoulder is a seam and the sorrow petrifies in the palate.

You looked at the empty space, you knew that grandpa was standing next to the door with a bunch of flowers.

You asked my mother: "What is on my back that is so heavy?"

She replied: "You have a box with wings".

You smiled and flinched like a bird in the womb.

There was not a happier woman than you, the day of your death.

III

Jazz de las estatuas

Jazz of the Statues

ELVIS PARK

Lo he visto al mediodía
tomar vino en Tavern on the Green.

Sus pantalones ajustados,
su gesto seductor.

Está como cuando lo vimos en Detroit.
Vos y yo no nos conocíamos,
ignorábamos que
en una botella de vino
habitan muchas vidas.

Vení, te invito a la ceremonia.
No traigás vino con rosca.

Descorchemos *Don't be cruel*
y bebamos hasta *Hound Dog*.

ELVIS PARK

I saw him at noon
drinking wine at Tavern on the Green.

His pants tight,
his gesture seductive.

He is the same as when we saw him in Detroit.
You and I did not know each other,
we were not aware that
in a bottle of wine
inhabit many lives.

Come, I invite you to the ceremony.
Don't bring wine with a twist-off cap.

Let's uncork *Don't be cruel*
and let's drink until *Hound Dog*.

Natural History Museum

a Juan Pablo Guillén Carpio

Él está convencido de que en Central Park cayó un cometa que extinguió las palabras del jurásico. Viene con las pinzas de juego —que la madrina le compró en el museo— a escarbar sobre las piedras. Él no lo llama arqueología, sino ciencia de los huesos. Tiene la certeza de que en ese tiempo las sílabas eran bramidos, saltamontes, raíces.

Me grita desde lejos: "La sirena ha muerto en la fuente".

Yo pienso mientras dibuja: "El amante de los brontosaurios".

NATURAL HISTORY MUSEUM

to Juan Pablo Guillen Carpio

He is convinced that a comet fell in Central Park that extinguished the words of the Jurassic. He comes with the toy pliers —that godmother bought him in the museum— to dig on the rocks. He doesn't call it archaeology, but bone science. He is certain that during that time the syllables were roars, grasshoppers, roots.

He yells at me from afar: "The siren has died in the fountain."

While he draws I think: "The lover of Brontosaurus."

Nueva realidad

a Jordi Pigem

El niño Jordi recuerda el ruido de las abejas, trata de entender su idioma. Esta tarde en Barcelona como único argumento de su discurso le sale una abeja de la boca. El discreto público cree entender la relación entre el vuelo y la zozobra.

NEW REALITY

To Jordi Pigem

Jordi the child remembers the sound of the bees, tries to understand their language. This afternoon in Barcelona as only argument to his speech a bee flies out of his mouth. The discreet audience think they understand the relationship between flight and uneasiness.

Café Lalo

Con una taza de café en la mano observo a un hombre trazar un dibujo. Nos separan unas cuantas mesas y la luz que entra por la ventana. Me detengo en la línea de su tinta. Miro al fondo de mi taza. En la borra del café diviso una playa y mis pies entrando en el mar. Mi fantasía borda sílabas entre los dedos del dibujante. Sus líneas pueblan un cementerio de animales extraños. Escucho el *do* sostenido en un pentagrama. Escribo esta página, mientras él dibuja calaveras.

CAFE LALO

With a cup of coffee in my hand I watch a man drawing a picture. A few tables and the light that comes through the window separate us. I pause at the line of his ink. I look at the bottom of my cup. In the coffee grounds I make out a beach and my feet stepping into the sea. My fantasy knits syllables between the draftsman's fingers. His lines inhabit a cemetery of strange animals. I hear a sustained *do* in a staff. I write this page while he draws skulls.

STADTPARK

a Stella Maris Blanco

Mi madre quiere bailar con Morris en este poema. Desea hablar muy cerca con él y caminar por un jardín europeo. El tiempo se detiene frente a la estatua de Strauss. Justo en este verso entra André Rieu interpretando el *Danuvio Azul*. Si hay un testigo de este encuentro es el Stradivarius.

    Morris es el ángel de mi madre.

    Este poema es una cita de amor.

STADTPARK

To Stella Maris Blanco

My mother wants to dance with Morris in this poem. She wishes to speak very closely to him and walk through a European garden. Time stops in front of the statue of Strauss. It is right in this poem when Andre Rieu makes his entrance interpreting *Blue Danube*. If there is a witness to this encounter it is the Stradivarius.

    Morris is my mother's angel.

    This poem is a love date.

Madison Square Park

Las ardillas del Madison Square Park reconocen los pasos de Harley y Lucy entre los miles de ecos. La bandada de palomas tiende un manto sobre sus cabezas desde la esquina hasta la rotonda. Una colonia de sombras con cola los adoptan. Una de ellas se sube por los pantalones de Harley hasta su hombro, y le cuenta un misterio del otoño. Crujen las castañas en su bolsillo. Le susurra a una colorada: "Tracy, tienes cola de rata, porque te comes las papas fritas de los turistas".

Los ojos claros de la pareja ven a los niños jugar con las burbujas. En el jardín aledaño meditan los chicos del yoga. Escuchan el sollozo de las fuentes y el bostezo de las estatuas que esperan la llegada del sereno.

Lucy pone alpiste en sus palmas y el manto cae del cielo a sus pies. Unas pocas se posan sobre el piano de un estudiante, siguen la orquesta, y la mano de Lucy les enseña el orden del universo.

Los canes conducen a sus dueños hacia Lucy. Ella conoce el nombre de cada una de las criaturas de su reino.

Harley habla el idioma de las ardillas,

Lucy, el del delirio y el vuelo.

Madison Square Park

The squirrels at Madison Square Park recognize Harley's and Lucy's footsteps among thousands of echoes. A flock of pigeons stretch a cloak over their heads from the corner to the roundabout. A colony of shadows with tail adopt them. One of them climbs Harley's pants up to his shoulder, and tells him a mystery of the fall. The chestnuts rustle in his pocket. He whispers to a red one: "Tracy you have a rat's tail, because you eat the french fries from the tourist."

The light eyes of the couple see the children play with bubbles. In the adjoining garden the yoga guys meditate. They listen to the sobbing of the fountains and the yawning of the statues that await the arrival of the night watchman.

Lucy puts seeds in her palms and the cloak falls from the sky to her feet. A few perch on a student's piano; and the other ones follow the orchestra, Lucy's hand shows them the order of the universe.

The dogs lead their owners towards Lucy. She knows the names of each one of her kingdom's creatures.

Harley speaks the language of the squirrels,

Lucy, that one of delirium and flight.

Veijo Rönkkönen Garden

a Christopher Salgado Pereira

El señor Jasper, de uniforme amarillo, por poco colisiona con una taza de café. Lo reconozco en los caminos empedrados porque siempre tiene una nube sobre él a punto de llover. Nadie se acerca a darle un paraguas. Sus manos ásperas hace muchos años aprendieron los contornos de cada una de las estatuas del jardín. Sus rostros de concreto guardan el enigma del miedo entre las hojas secas, la brisa y el olor del musgo. En el fondo del parque se escucha el trabajo de las hormigas y el grito de los niños que persiguen a los zorros. Cuando el señor Jasper duerme la siesta, las estatuas abren los párpados, se convierten en verbo.

    Las estatuas, lo intuye el señor Jasper, son el amor.

Veijo Rönkkönen Garden

To Christopher Salgado Pereira

Mr. Jasper, in yellow uniform, almost collides unto a cup of coffee. I recognize him on the cobbled paths because there is always a cloud above him on the brink of raining. No one approaches him to give him an umbrella. His callous hands many years ago memorized the girth of each statue in the garden. Their concrete faces hold the enigma among the dry leaves from fear, the breeze, and the smell of moss. At the bottom of the park working ants can be heard along the screams of children chasing foxes. When Mr. Jasper takes his nap, the statues open their eyelids and become the verb.

The statues, Mr. Jasper senses, are the love.

IV

Álbum de la sensualidad

Album of Sensuality

Nahui Ollin

El bosque de Chapultepec sabe que Nahui quiere ser, por una noche, otra vez Carmen. Esta mexicana ha abordado un barco hacia Lisboa y no ha vuelto. Carmen anhela entrar a una cantina, conocer a un hombre, beber un tequila, acompañarlo a su hotel, desnudarse.

Nahui, sin embargo, carga gatos, abrazos nocturnos, ojos de extrañas miradas. No le alcanzan los óleos para sostener una copa, para desabrocharse el corpiño.

NAHUI OLLIN

Chapultepec forest knows Nahui wishes to be, just for one night, Carmen once again. This Mexican has boarded a boat to Lisbon and has not come back. Nahui yearns going into a saloon, meet a man, drink a tequila, go to his hotel, get naked.

Nahui, however, holds cats, nocturnal embraces, peculiar glancing eyes. The oil paintings are not enough to hold a glass, to undo her bodice.

Rachel Green

La primera gota de lluvia del saxofón de Dusty Rhodes en Washington Square es para Rachel Green. Hoy camina vestida de novia, pero no huye, va tranquila hacia el centro de sí misma. Rachel arrastra un televisor encendido como un grillete. En esta tarde, más que nunca, le pesan sus treinta años.

Siento un adiós, Georgie, en todo el cuerpo.

RACHEL GREEN

The first raindrop from Dusty Rhodes' saxophone in Washington Square is for Rachel Green. Today she walks dressed as a bride, but does not run away, she walks peacefully towards the center of her own self. Rachel drags like shackles a television turned on. This afternoon, more than ever, her thirty years of age are weighing on her.

Throughout my body, Georgie, I sense a goodbye.

SARITA MONTIEL

a Daniel Espinosa, in memoriam

Lado A: Turrialba

No fumabas, pero era "genial, sensual" verte convertido en la Saritísima, solo por los minutos del recreo. Tu sombra desgarbada vestida de uniforme se transformaba. Con tu "ven, ven y ven" nos conjurabas en el jardín del colegio. Entre risas coreábamos desafinadas:

"Nena: que mi vida llenas de ilusión".

Tu voz nos hacía olvidar que los cuplés no estaban de moda.

SARITA MONTIEL

to Daniel Espinosa, in memoriam

Side A: Turrialba

You didn't smoke, but it was "wonderful, sensuous" to see you become Saritísima, only during the minutes of the recess. Your ungraceful shadow dressed in uniform would transform. With your "come, come and come" you summoned us in the school's garden. Between laughter we would chorus out of tune:

"Girl: you fill my life with hope".

Your voice made us forget that the *cuplés* were not in style.

Lado B: Nueva York

Dani, hoy tu recuerdo nos ha traído a Nueva York. Con la boca abierta ves los travestis del Village y te sientes de nuevo Sarita Montiel. En las noches eres la estrella del Cabaret Lips.

Te veo ahora con un pañuelo blanco en la cabeza, un chal rojo y un canasto, bailando y arrojando violetas por la 5ta. Avenida.

Desde la orilla de la otra acera, te observo y canto contigo:

"Como ave precursora
        de primavera
en New York aparecen
        las violeteras".

Side B: Nueva York

Dani, today your memory has brought us to New York. With your mouth open you see the transvestites of the Village and you feel like Sarita Montiel again. During the nights you are the star of the Cabaret Lips.

I see you now with a white *foulard* on your head, a red shawl and a basket, dancing and throwing violets throughout 5th Avenue.

From the edge of the other sidewalk, I watch you and sing with you:

"Like a precursor bird
>   of spring
> in New York appear
>   the violet girls".

Gloria Guida

Gloria no sabe dónde tirar la colilla de su cigarro en Bryan Park. Johnny se ha quedado en el hotel cuidando los detalles del concierto de esta noche. La pista de hielo congelada la desliza por su leyenda. Un enjambre de colegialas pasa como fragmentos de películas en su memoria. Sin embargo, hay una escena que no ha pasado por el celuloide. Ella clama hacer el amor con el músico en la sala de manuscritos bíblicos de la Biblioteca Pública de Nueva York.

Desea cantar desnuda sobre los leones "Nel blu dipinto di blu".

GLORIA GUIDA

Gloria does not know where to toss her cigarette butt in Bryan Park. Johnny stayed at the hotel looking into the details for tonight's concert. The ice rink slides her through her legend. A swarm of schoolgirls passes by like movie passages in her memory. Nevertheless, there is a scene that has not gone through the celluloid. She wishes to make love to the musician in the room of Bible manuscripts of the New York Public Library.

She wants to sing *Nel blu dipinto di blu* naked on top of the lions.

SYLVIA KRISTEL

Sylvia alimenta palomas en el Vondelpark. Le han propuesto la séptima película de su exitosa *Emmanuelle*. Habrá gira por Filipinas, euros fáciles y un guion lleno de monosílabos.

Lo piensa, el papel ya no es el de la muchacha frente a los espejos, sino el de la madame.

Sylvia Kristel

Sylvia feeds the pigeons in Vondelpark. She has been offered the seventh film of her successful *Emmanuelle*. There will be a tour to Philippines, easy Euros and a script full of monosyllables.

She thinks about it, the role is no longer of the young girl in front of the mirrors, but that of the Madame.

La Coca Sarli

El trueno entre las hojas de la Plaza 9 de julio rememora en Coca las palabras de Armando: "No seas tonta, yo puedo ser tu hijo, tu hombre y hasta tu padre". *La diosa impura* exhibe sus hombros desnudos por primera vez al set de grabación. *Fuego*, *Carne* y *Fiebre* le censuran el caminar más bello de Buenos Aires. La satisfacción de ser la otra y de haber tenido a Armando entre los brazos el día de su muerte, la elevan al reino de señora.

Regresa a casa en coche y se consuela con el mentón y la voz de Armando entre sus pechos: "No necesitás nada más, sonsa". En ese instante, La Coca comprende que ella es el amor y las películas los hijos.

En el jardín, los perros aguardan su llegada.

Coca Sarli

Thunder among the leaves of the Plaza 9 de julio recalls Bo's words in Coca: "Don't be silly, I can be your son, your man and even your father." *La diosa impura* marks her. *Fuego, Carne, y Fiebre* censor her. The satisfaction of being the other and of having had Armando between her arms the day of his death take over her.

She returns home by car and consoles herself with his chin between her breasts telling her: "You don't need anything else, silly." At that instant, Coca understands that she is his love and the films their children.

In the garden, the dogs await her arrival.

Marlene Dietrich

"No puedo evitar dejar besarme fácilmente", escribe en sus diarios de juventud.

Lola Lola atraviesa Tiergarten como un cometa de piernas esbeltas. Cruza el estudio de la Universum Film con zapatos blancos, boina y cigarro. Deja caer las cenizas sin disimular infidelidades. Marlene las junta y se empolva el rostro.

Entretelones es bien sabido que se acuesta con todos, menos con Adolph. Se fuma a los que dicen que ella es la culpable de la Segunda Guerra Mundial.

MARLENE DIETRICH

"I cannot stop letting myself be kissed easily", writes in her journals from youth.

Lola Lola crosses Tiergarten like a comet of slender legs. She crosses the Universum Film studio with white shoes, beret and cigar. She lets the ashes drop without concealing infidelities. Marlene gathers them and powders her face.

Behind the curtains it is well known that she sleeps with everybody, except with Adolph. She smokes those who say she is to blame for World War Two.

Acerca de la autora

Marisa Russo nació en Buenos Aires, Argentina, en 1969. Poeta, emprendedora literaria y docente universitaria y radicada en EEUU desde 1986.

Estudió el Master y la Licenciatura de Literatura Hispanoamericana y Peninsular en Hunter College de la City University of New York. Es candidata doctoral de la Universidad de La Salle en Educación con énfasis en mediación pedagógica, Costa Rica.

Fundó el movimiento cultural Turrialba Literaria en Costa Rica en 2015. Coordinó el I Summit de Voces de América Latina en Costa Rica, 2017, y el Festival Internacional Grito de Mujer, Sede Turrialba, Costa Rica, 2018.

Actualmente es Profesora Adjunta del Departamento de Lenguas Romance, Hunter College (CUNY) y docente del colegio Manhattan Village Academy del New York City Board of Education.

Corresponsal de EEUU de La Guardarraya Revista Literaria.

El libro *El idioma de los parques* es su primera publicación de poesía.

ABOUT THE AUTHOR

Marisa Russo was born in Buenos Aires, Argentina, in 1969. Poet, literary entrepreneur and university professor living in USA since 1986.

She studied a Master and Bachelor's in Spanish and Latin American Literature in Hunter College of the City University of New York. She is a doctoral candidate in education with emphasis in pedagogic mediation in the Universidad de La Salle, Costa Rica.

She founded the cultural movement Turrialba Literaria in Costa Rica in 2015. Coordinated the I Summit de Voces de América Latina in Costa Rica, 2017, and the Festival Internacional Grito de Mujer, Sede Turrialba, Costa Rica, 2018.

Currently, she is Adjunct Professor of the Romance Languages Department, Hunter College (CUNY) and consultant of the group Rizoma Literario NYC of the La Academia Literaria, Hunter College.

Correspondent in USA of the magazine La Guardarraya Revista Literaria.

The book *The Language of the Parks* is her first poetry publication.

EL IDIOMA DE LOS PARQUES
THE LANGUAGE OF THE PARKS

Prólogo · 9

Prologue · 11

I

La traducción de los fantasmas
The Translation of the Ghosts

Paisaje con trampa · 16

Landscape with a Catch · 17

Riverside Park · 18

Riverside Park · 19

Memorial Park · 20

Memorial Park · 21

Cava Park · 22

Cava Park · 23

Central Park · 24

Central Park · 25

Shakespeare Garden · 26

Shakespeare Garden · 27

Puerto sin mar · 28

Harbor Without Sea · 29

Diatriba contra un músico · 30

Diatribe against a Musician · 31

II

Árbol de la extranjera
Tree of the foreigner

Tríptico del rumor · 36

Triptych of the Rumor · 37

El rizoma del encantador · 42

The Enchanter's Rhizome · 43

Los jardines colgantes de la abuela · 44

Grandmother's hanging gardens · 45

Del libro de cuentos inventados de mamá · 46

From Mom's Book of Invented Stories · 47

Malvinas Park · 48

Malvinas Park · 49

La costurera · 50

The Dressmaker · 51

III

Jazz de las estatuas

Jazz of the Statues

Elvis Park · 54

Elvis Park · 55

Natural History Museum · 56

Natural History Museum · 57

Nueva realidad · 58

New Reality · 59

Café Lalo · 60

Café Lalo · 61

Stadtpark · 62

Stadtpark · 63

Madison Square Park · 64

Madison Square Park · 65

Veijo Rönkkönen Garden · 66

Veijo Rönkkönen Garden · 67

IV

Álbum de la sensualidad

Album of Sensuality

Nahui Ollin · 70

Nahui Ollin · 71

Rachel Green · 72

Rachel Green · 73

Sarita Montiel · 74

Sarita Montiel · 75

Gloria Guida · 78

Gloria Guida · 79

Sylvia Kristel · 80

Sylvia Kristel · 81

La Coca Sarli · 82

Coca Sarli · 83

Marlene Dietrich · 84

Marlene Dietrich · 85

Acerca de la autora · 88

About the autor · 89

Colección
**PREMIO INTERNACIONAL DE POESÍA
NUEVA YORK POETRY PRESS**

1
Idolatría del huésped / Idolatry of the Guest
César Cabello

2
Postales en braille / Postcards in Braille
Sergio Pérez Torres

3
Isla del Gallo
Juan Ignacio Chávez

4
Sol por un rato
Yanina Audisio

5
Venado tuerto
Ernesto González Barnert

Colección
CUARTEL
Premios de poesía
(Homenaje a Clemencia Tariffa)

1
El hueso de los días
Camilo Restrepo Monsalve

-

V Premio Nacional de Poesía
Tomás Vargas Osorio

2
Habría que decir algo sobre las palabras
Juan Camilo Lee Penagos

-

V Premio Nacional de Poesía
Tomás Vargas Osorio

3
Viaje solar de un tren hacia la noche de Matachín
(La eternidad a lomo de tren) /
Solar Journey of a Train Toward the Matachin Night
(Eternity Riding on a Train)
Javier Alvarado

-

XV Premio Internacional de Poesía
Nicolás Guillén

4
Los países subterráneos
Damián Salguero Bastidas

-

VI Premio Nacional de Poesía
Tomás Vargas Osorio

Colección
VIVO FUEGO
Poesía esencial
(Homenaje a Concha Urquiza)

1
Ecuatorial / Equatorial
Vicente Huidobro

2
Los testimonios del ahorcado (Cuerpos siete)
Max Rojas

Colección
PARED CONTIGUA
Poesía española
(Homenaje a María Victoria Atencia)

1
La orilla libre / The Free Shore
Pedro Larrea

2
No eres nadie hasta que te disparan /
You are nobody until you get shot
Rafael Soler

3
Cantos : & : Ucronías / Songs : & : Uchronies
Miguel Ángel Muñoz Sanjuán

4
13 lunas 13 / 13 Moons 13
You are nobody until you get shot
Tina Escaja

5
Las razones del hombre delgado
Rafael Soler

Colección
PIEDRA DE LA LOCURA
Antologías personales
(Homenaje a Alejandra Pizarnik)

1
Colección Particular
Juan Carlos Olivas

2
Kafka en la aldea de la hipnosis
Javier Alvarado

3
Memoria incendiada
Homero Carvalho Oliva

4
Ritual de la memoria
Waldo Leyva

5
Poemas del reencuentro
Julieta Dobles

6
El fuego azul de los inviernos
Xavier Oquendo Troncoso

7
Hipótesis del sueño
Miguel Falquez-Certain

8
Una brisa, una vez
Ricardo Yáñez

9
Sumario de los ciegos
Francisco Trejo

10
A cada bosque sus hojas al viento
Hugo Mujica

11
Espuma rota
María Palitchi (Farazdel)

12
Poemas selectos / Selected Poems
Óscar Hahn

13
Los caballos del miedo / The Horses of Fear
Enrique Solinas

Colección
MUSEO SALVAJE
Poesía latinoamericana
(Homenaje a Olga Orozco)

1
La imperfección del deseo
Adrián Cadavid

2
La sal de la locura / Le Sel de la folie
Fredy Yezzed

3
El idioma de los parques / The Language of the Parks
Marisa Russo

4
Los días de Ellwood
Manuel Adrián López

5
Los dictados del mar
William Velásquez Vásquez

6
Paisaje nihilista
Susan Campos-Fonseca

7
La doncella sin manos
Magdalena Camargo Lemieszek

8
Disidencia
Katherine Medina Rondón

9
Danza de cuatro brazos
Silvia Siller

10
Carta de las mujeres de este país / Letter from the Women of this Country
Fredy Yezzed

11
El año de la necesidad
Juan Carlos Olivas

12
El país de las palabras rotas / The Land of Broken Words
Juan Esteban Londoño

13
Versos vagabundos
Milton Fernández

14
Cerrar una ciudad
Santiago Grijalva

15
El rumor de las cosas
Linda Morales Caballero

16
La canción que me salva / The Song that Saves Me
Sergio Geese

17
El nombre del alba
Juan Suárez

18
Tarde en Manhattan
Karla Coreas

19
Un cuerpo negro / *A Black Body*
Lubi Prates

20
Sin lengua y otras imposibilidades dramáticas
Ely Rosa Zamora

21
El diario inédito del filósofo vienés Ludwig Wittgenstein /
Le Journal Inédit Du Philosophe Viennois Ludwig Wittgenstein
Fredy Yezzed

22
El rastro de la grulla / *The Crane's Trail*
Monthia Sancho

23
Un árbol cruza la ciudad / *A Tree Crossing The City*
Miguel Ángel Zapata

24
Las semillas del Muntú
Ashanti Dinah

25
Paracaidistas de Checoslovaquia
Eduardo Bechara Navratilova

26
Este permanecer en la tierra
Angélica Hoyos Guzmán

27
Tocadiscos
William Velásquez

28
De cómo las aves pronuncian su dalia frente al cardo /
How the Birds Pronounce Their Dahlia Facing the Thistle
Francisco Trejo

29
El escondite de los plagios / The Hideaway of Plagiarism
Luis Alberto Ambroggio

30
Quiero morir en la belleza de un lirio /
I Want to Die of the Beauty of a Lily
Francisco de Asís Fernández

31
La muerte tiene los días contados
Mario Meléndez

32
Sueño del insomnio / Dream of Insomnia
Isaac Goldemberg

33
La tempestad / The Tempest
Francisco de Asís Fernández

34
Fiebre
Amarú Vanegas

35
Es polvo, es sombra, es nada
Mía Gallegos

36
Luminoscencia
Sebastián Miranda Brenes

37
Ciudad Gótica
Sean Salas

Colección
SOBREVIVO
Poesía social
(Homenaje a Claribel Alegría)

1
#@nicaragüita
María Palitachi

2
Cartas desde América
Ángel García Núñez

3
La edad oscura / As Seen by Night
Violeta Orozco

Colección
TRÁNSITO DE FUEGO
Poesía centroamericana y mexicana
(Homenaje a Eunice Odio)

1
41 meses en pausa
Rebeca Bolaños Cubillo

2
La infancia es una película de culto
Dennis Ávila

3
Luces
Marianela Tortós Albán

4
La voz que duerme entre las piedras
Luis Esteban Rodríguez Romero

5
Solo
César Angulo Navarro

6
Échele miel
Cristopher Montero Corrales

7
La quinta esquina del cuadrilátero
Paola Valverde

8
Profecía de los trenes y los almendros muertos
Marco Aguilar

9
El diablo vuelve a casa
Randall Roque

10
Intimidades / Intimacies
Odeth Osorio Orduña

11
Sinfonía del ayer
Carlos Enrique Rivera Chacón

12
Tiro de gracia / Coup de Grace
Ulises Córdova

13
Al olvido llama el puerto
Arnoldo Quirós Salazar

14
Vuelo unitario
Carlos Vázquez Segura

15
Helechos en los poros
Carolina Campos

16
Cuando llueve sobre el hormiguero
Alelí Prada

Colección
VISPERA DEL SUEÑO
Poesía de migrantes en EE.UU.
(Homenaje a Aida Cartagena Portalatín)

1
Después de la lluvia / After the rain
Yrene Santos

2
Lejano cuerpo
Franky De Varona

3
Silencio diario
Rafael Toni Badía

Colección
MUNDO DEL REVÉS
Poesía infantil
(Homenaje a María Elena Walsh)

1
Amor completo como un esqueleto
Minor Arias Uva

2
La joven ombú
Marisa Russo

Colección
MEMORIA DE LA FIEBRE
Poesía feminista
(Homenaje a Carilda Oliver Labra)

1
Bitácora de mujeres extrañas
Esther M. García

2
Una jacaranda en medio del patio
Zel Cabrera

3
Erótica maldita
María Bonilla

Colección
LABIOS EN LLAMAS
Poesía emergente
(Homenaje a Lydia Dávila)

1
Fiesta equivocada
Lucía Carvalho

2
Entropías
Byron Ramírez Agüero

3
Reposo entre agujas
Daniel Araya Tortós

Colección
CRUZANDO EL AGUA
Poesía traducida al español
(Homenaje a Sylvia Plath)

1
*The Moon in the Cusp of My Hand /
La luna en la cúspide de mi mano*
Lola Koundakjian

2
And for example / Y por ejemplo
Ann Lauterbach

3
Sensory Overload / Sobrecarga sensorial
Sasha Reiter

Colección
PROYECTO VOCES
Antologías colectivas

Voces del café
Voces de caramelo / Cotton Candy Voices
Voces de América Latina I
Voces de América Latina II
María Farazdel (Palitachi)
Compiladora

Colección
VEINTE SURCOS
Antologías colectivas
(Homenaje a Julia de Burgos)

Antología 2020 / Anthology 2020
Ocho poetas hispanounidenses / Eight Hispanic American Poets
Luis Alberto Ambroggio
Compilador

Para los que piensan, como José Emilio Pacheco, que la poesía es una forma de amor que sólo existe en silencio, este libro se terminó de imprimir en el mes de junio de 2018 en la imprenta Shakespeare & Co. 939 Lexington Avenue, New York, NY 10065, Phone: (212) 772-3400, Fax: (212) 570-0369, E-Mail: info@shakeandco.com

www.ingramcontent.com/pod-product-compliance
Lightning Source LLC
Chambersburg PA
CBHW020335170426
43200CB00006B/390